SingLiesel

Egon Busch

Der Papagei im Handgepäck und weitere (kleine) Geschichten in Reimen

Satz und Gestaltung: Röser MEDIA GmbH & Co. KG, Karlsruhe
Druck: FINIDR, s.r.o.

Printed in Czech Republic

ISBN 978-3-944360-20-1

www.singliesel.de

Egon Busch

Der Papagei im Handgepäck und weitere (kleine) Geschichten in Reimen

– Meiner lieben Frau Lotte gewidmet –

SingLiesel Verlag

Inhalt

Am Futterhäuschen

Ein Idyll ist unser Futterhaus,
schaut man danach vom Fenster aus
und sieht, wie alle Vögelein,
ob braun oder schwarz, groß oder klein,
sich hier versammeln und sich freuen,
dass wir ihnen Futter streuen.
Von morgens früh bis abends spät
hier stets die wilde Post abgeht.

Trotz Schnee und Eis ringsum im Land
noch jedes Vögelchen dort fand
das Passende zum Schnabulieren.
Wer so viel frisst, muss auch nicht frieren.
Ob Sonnenblumenkerne, Samen,
Fettplatten oder Hirsebahnen,
an alles haben wir gedacht,
zum Futterhäuschen hingebracht,

das wir am Bäumchen unter Zweigen
vorsorglich versteckt, um zu vermeiden,
dass ein böser Falke greift
ein Vögelchen und dann fortstreift,
um es am Waldrand zu zerfetzen.
Das würde uns wohl nicht ergötzen.

Jetzt kommt ein Eichhörnchen gehüpft,
das aus dem Kobel wohl entschlüpft,
weil es sehr großen Hunger hat

und sich fühlt elend und ganz matt.
Die Vögel stört das Hörnchen nicht,
doch als der dritte pelzige Wicht
sich ebenfalls zum Häuschen wendet,
ist dort der Friede schnell beendet.

Sie streiten sich, sie jagen sich
den Baum hinauf, hinab ganz fürchterlich,
und keines gönnt dem andern auch
das kleinste Korn vom Futterhaus.
Bei so viel Neid und Streiterei
wünscht man den Falken sich herbei,
damit er eins sich greifen tät
und man hier wieder Ruhe hätt.

Am Zoll

Herr Kunz kommt mit dem Flugzeug an,
wie man das oft erleben kann
in dieser schönen Ferienzeit
an Flughäfen hier weit und breit.

Jetzt muss er durch die Zollkontrolle.
Der Zöllner sagt ihm dort, er solle
angeben, was er mitgebracht
aus fremden Ländern. Herr Kunz lacht
und sagt, er habe nur dabei
als Handgepäck den Papagei.

Der Zöllner kommt in Schwierigkeiten,
weil er den Dienstweg muss beschreiten.
In Büchern wird nun nachgeschlagen,
um dem Kunz präzis' zu sagen,
dass für den schönen Papagei
500 Euro Zoll zu zahlen sei.

Herr Kunz erschrickt, wird kreidebleich,
denn er ist gar nicht wirklich reich.
Er jammert, fleht und will erreichen,
dass man die Zollgebühr soll streichen.

Dem Zöllner tut der Mann jetzt leid,
und deshalb ist er auch bereit,
noch einmal in das Buch zu schauen,
und sagt ihm dann, ganz im Vertrauen,

dass ein ausgestopfter Papagei
wohl doch gehörig billiger sei.

Da schreit der Papagei voll Grausen:
„Macht keinen Mist, ihr zwei Banausen!"

Ameisen

Es war damals im Landschulhaus
an einem schönen Sonntagmorgen.
Meine Frau ging grad hinaus,
um aus der Küche zu besorgen

den Erdbeerkuchen, der dort stand,
den sie samstags gebacken hatte.
Doch was sie heute dort vorfand
auf ihrer schönen Kuchenplatte,

war eine große, schwarze Masse,
die eifrig hier am Fressen war.
Da fiel ihr aus der Hand die Tasse,
und plötzlich wurde es ihr klar:

Hier hatten aus den alten Mauern
sich alle Ameisen gefunden.
Sie überlief ein leichtes Schauern,
denn das ging schon seit vielen Stunden.

Und als ich in die Küche kam,
stellte sich nur eine Frage:
Wie stell ich es am besten an,
dass ich das Volk hinweg jetzt trage

an einen Ort, wo ohne Wiederkehr
sie bleiben mussten und vermieden

das alte Haus und nimmermehr
den Kuchen dort nochmals bestiegen?

Die ganze Platte nahm ich dann
und bin quer durch den Hof gelaufen,
bis ich in den Garten kam
und dann hinauf zum Komposthaufen.

Dort hab die Platte ich geleert
mit allem, was darauf gewesen.
Diese Idee war nicht verkehrt:
Die Ameisen sind weg gewesen

für viele Jahre aus dem Haus
und tobten sich im Garten aus.

Auf dem Golfplatz

Beim Golfen man erkennen kann,
wenn man ein wenig darauf achtet,
den Geist von einem jeden Mann,
wenn man nur seinen Schlag betrachtet.

Mit *einem* Schlag will überwinden
mancher die Distanz zum nächsten Loch
und kann den Ball dann nicht mehr finden.
Er lacht und ärgert sich dann doch.

Ein anderer schlägt nicht so weit
und nähert sich auch so dem Ziele.
Vor allem lässt er sich viel Zeit,
zeigt niemals wirkliche Gefühle.

Der Alfons und der Dieter kämpfen
sich um den Platz heut Zug um Zug,
doch jetzt sie ihre Worte dämpfen:
Es zieht vorbei ein Leichenzug.

Der Alfons schweigt jetzt wie ein Grab,
steht still und faltet auch die Hände.
Er nimmt dann noch die Mütze ab.
Ein solches Tun, das spricht wohl Bände.

Der Dieter sich beeindruckt zeigt
und sagt's dem andern auch direkt,

dass der bei der Gelegenheit
die Anteilnahme nicht versteckt.

„Mein Freund, das ist doch sonnenklar“,
der andere ihm drauf entgegnet,
„da ich doch mehr als 40 Jahr
mit dieser Frau verheirat’ war.“

Auf dem Land

Da draußen auf dem flachen Land
erlebt man oft so allerhand,
wovon der Städter nichts erfährt,
weil er nicht öfter dorthin fährt.

Herr Müller und die Müllerin
fahren heute einmal hin.
Sie wollen dort umherspazieren,
die gute Landluft zu probieren.

An einem alten Baume hängt
ein seltsam Ding, ganz eingezwängt
von Laub und von viel kleinen Zweigen.
Mit seinem Stock kann er's erreichen.

Herr Müller holt gewaltig aus
und schlägt dagegen, ei der Daus!
Das Ding zerbricht, und die Hornissen
natürlich sich verteid'gen müssen.

Herr Müller läuft, so schnell er kann,
die Hornissen immer hintendran.
Er fuchtelt mit dem Stock und schreit.
Frau Müller hat es gar nicht weit

zum Kiosk dort am Straßenrand,
wohin sie rennt, ganz unverwandt.

Sie schildert hastig, was geschehen
und wie es tut um Müller stehen.

Der Mann jetzt eifrig sucht und spricht:
„Insektenspray, das hab ich nicht,
auch keine Salbe, Schmerztabletten,
um ihren armen Mann zu retten.“

Frau Müller winkt entschieden ab:
„Für meine Kamera ich hätte
gern eine Filmkassette!“

Auf der Jagd

In einer warmen Vollmondnacht,
da hat der Förster mitgebracht
den Jagdgast aus der großen Stadt,
der hier noch nichts geschossen hat.

Mit der Flinte auf dem Rücken
sie jetzt dem Wild zu Leibe rücken.
Hier draußen auf den grünen Wiesen
wolln sie einen Braten schießen.

Jetzt kommt ein großer Hasenmann.
Der Jagdgast legt auch sofort an.
„Nicht schießen!", der Herr Förster schreit.
„Der einzige Rammler weit und breit!"

Sie wandern weiter ganz gelassen,
da kommt – der Förster kann's nicht fassen –
jetzt eine schlanke Häsin an.
„Nicht schießen!", ruft der arme Mann.

„Die Anni hier bringt jedes Jahr
'ne riesengroße Kinderschar."
Dem Jagdgast ist die Lust vergangen:
Was soll er denn noch hier anfangen?

Da kommt ein Häschen angewetzt,
diesmal ist der Förster nicht entsetzt.
„Schieß! Schieß!", ruft er dem andern zu

und lässt ihm damit keine Ruh.
„Das ist der Fritz, ein wirklich Schlimmer,
auf diesen Kerl schießen wir immer.“

Auf der Weide

Ein Pferd, wir nennen es die Liese,
steht ganz allein auf einer Wiese,
frisst Gras und Klee und gute Kräuter
und zieht gemächlich immer weiter.

Die Sonne scheint, das Bächlein sprudelt.
Jetzt kommt ein Vöglein angetrudelt
und setzt sich in den Lindenbaum.
Die Liese aber stört das kaum.

Und auch das Reh am Waldesrand
ist eilig bald davongerannt,
als Liese langsam näher kommt.
Die bleibt jetzt stehn und legt sich dann,
weil sie doch auch so dann und wann
ein bisschen Ruhe nötig hat,
ins weiche Gras und drückt es platt.

Jetzt kommt ein Spatzenschwarm daher.
Er hüpft herum und lärmt gar sehr
und stört die schöne Mittagsruh
von Liese laut und immerzu.

Die steht jetzt auf und wendet sich
den Spatzen zu, schimpft fürchterlich:
„Wenn ihr nicht Ruh gebt unverzüglich,
gibt's heute keinen Mittagstisch!“

Die sind darauf mucksmäuschenstill,
weil jeder doch gern essen will.
Die Liese, dieses brave Mädel,
serviert darauf ’nen Haufen Knödel.

Beerendiebe

„Die Beeren solltest du bald pflücken,
damit sie nicht noch ganz verdrücken
die Vögel und die andren Gäste
und uns nur bleiben Überreste",
sagt eine Frau zu ihrem Mann,
der das jedoch nicht glauben kann.

Er setzt sich darum in den Garten
und braucht dort gar nicht lang zu warten,
da kommt ein kleiner Vogel an,
holt sich ein Beerchen und fliegt dann
fort in die nahe Hecke schnell,
ist kurz darauf erneut zur Stell',

um sich das nächste abzuholen,
in einem Tempo, ungelogen,
das man sich gar nicht denken kann.
Da fragt sich doch der gute Mann,
wieso der kleine Flattermann,
so viele Beeren futtern kann,

und schleicht sich danach in die Hecke,
damit er dort vielleicht entdecke
des Rätsels Lösung unverzüglich,
und findet dort auch ganz vergnüglich
fünf junge Vöglein in den Zweigen,
die alle großen Hunger zeigen,

die kleinen Schnäbel reißen auf,
wohin die Mutter stopft zuhauf
die roten und die grünen Beeren,
um ihren Nachwuchs zu ernähren.

Jetzt quält den Mann die ernste Frage
tief in der Nacht und auch am Tage:
Soll er die Beeren endlich holen,
und dadurch hätt' er dann gestohlen
das Futter dieser kleinen Schar,
die doch so lieb und glücklich war.

Die Frau und auch ihr guter Mann
nach dem Gespräch entscheiden dann,
in diesem Jahr drauf zu verzichten,
um nicht ein Unglück anzurichten.

Bello

In der Kiste unterm Herd,
im Haus der alten Nachbarin,
die die Überraschung mir beschert',
lagen junge Hunde drin.

Braun und grau und schwarz gefleckt,
drollig mit den kleinen Beinen,
hatte ich sie bald entdeckt,
und mir war jetzt fast zum Weinen,

weil ich doch gerne so 'nen Wicht
mit nach Hause nehmen wollte,
doch Mutter, die erlaubt das nicht,
weshalb ich ihr gehörig grollte.

Arbeit hätt sie schon genug,
bräuchte nicht noch einen Hund.
Mein Vater heimlich mir vorschlug,
zu warten auf 'nen guten Grund,

um Mutter doch zu überzeugen,
den winz'gen Burschen aufzunehmen
und meinem Wunsch sich noch zu beugen,
den kleinen Bello mitzunehmen.

Dann kam die schöne Weihnachtszeit,
und meine Eltern überlegten,

auch mir am Fest ’ne Kleinigkeit
als Geschenk zu übergeben.

Wir waren arm, und Geld war rar,
drum durfte es nicht teuer sein.
„Das trifft sich jetzt doch wunderbar,
da fällt mir gerade etwas ein,

das ihm ganz sicher Freude macht
und außerdem noch gratis scheint.“
Da hat die Mutter froh gelacht
und Vater sagt’ ihr, was er meint.

Da stimmt’ sie zu, und Bello kam
am Weihnachtsabend doch zu mir,
wo ich ihn in die Arme nahm –
und seitdem lebt mein Bello hier.

Berufswahl

Der Hans hat bald die Schule aus,
er sitzt schon in der letzten Klasse,
und jetzt berät man oft zu Haus,
was man den Hans könnt werden lassen.

„Er soll einmal viel Geld verdienen“,
der Vater sagt’s, so laut er kann,
das sei ihm wichtig stets erschienen
für die Familie und den jungen Mann.

Die Sicherheit ihr wichtig scheint,
darauf die liebe Mutter spricht
und hat ein wenig auch geweint:
„Das andre zählt doch alles nicht.“

Die Oma ist für das Studieren,
weil sich doch dem studierten Mann
leicht öffnen später alle Türen,
worauf man sich verlassen kann.

Die Schwester sagt: „Der Spaß ist wichtig
in dem Beruf, denn fehlt er dort,
ist alles andre völlig nichtig,
dann läuft man irgendwann doch fort.“

Berufe werden aufgezählt,
die unser Hans sich merken sollte.

Was er denn selbst sich ausgewählt
vom Hans jetzt einer wissen wollte.

Der hat dann gründlich nachgedacht
und wiegt den Kopf bald hin, bald her,
dann hat den Mund er aufgemacht:
„Ich denk, ich werde Pensionär."

Besondere Gläser

Mit dem Sektglas in der Hand
man allerlei Gesprächsstoff fand.
Von ihrem Urlaub spricht Frau Müller
in Portugal – ein echter Knüller.

Frau Meier hat ’nen jungen Hund,
goldig, verspielt und kugelrund.
Sein neues Auto Schulze lobt,
womit er durch die Gegend tobt.

Der Hannes jedoch strahlt und lacht,
hat seine Freundin mitgebracht.
Bestellt wurd sie per Katalog,
weil hier im Land doch keine zog.

Jetzt kommt der alte Doktor an,
der vieles weiß und manches kann.
Von Gläsern er erzählet dann,
wodurch fortan ein jeder Mann

jetzt alles schöner sehen soll.
Er findet die Erfindung toll.
„Man sieht sogar die eigne Frau
viel schöner“, weiß er ganz genau.

Herr Scholz, der Hausherr, ihm entgegnet,
dass er den Gläsern schon begegnet.
Man muss sie immer wieder füllen

und öfter seinen Durst draus stillen.
Das sei ein Nachteil, keine Frage.
Sonst gibt's darüber keine Klage.

Bijou

„Bijou, hol das Dickerle heraus
aus dieser Röhre unterm Haus,
wo du es hast hineingetragen“,
so hörte ich schon mehrmals sagen
die Frau des Hauses zu dem Tier,
das da unten saß vor ihr.

Das rührt sich nicht, sagt nur *miau!*,
was so viel heißt wie: „Gute Frau,
ich habe dazu keine Lust“,
und langsam steigt bei der der Frust.
Jetzt kommt auch unsre Tochter an,
die mit Bijou am besten kann,

und sagt dasselbe dann zu ihr,
und plötzlich reagiert das Tier:
Es kriecht in die Röhre rasch hinein
und bringt das Jungtier, das ist fein,
dem Töchterchen dann rasch herbei.
Der Rest ist danach einerlei.

Dann wächst der junge Katermann
in unsrer Wohnung ruhig heran.
Die Katzenmama sorgt für ihn
und schafft herbei nach ihrem Sinn,
damit das Jagen er kann üben,
manch kleine Maus, und auch die lieben

Vögel werden nicht verschont.
Im Raum, in dem der Kleine wohnt,
lässt sie die Beute wieder springen
und denkt, es wird wohl schon gelingen
dem Kleinen, sie dort einzufangen.
Doch das ist meistens schiefgegangen,

dieweil sich dieser ungeniert
nicht für die Beute interessiert.
Voll Todesangst die dann versucht,
sich zu begeben auf die Flucht,
versteckt im Holz sich vom Kamin
und rennt auch zu den Sesseln hin,

um sich darunter zu verkriechen.
Derweil sieht man die Bijou liegen
im Tiefschlaf dort im Sofaeck.
Doch uns ist klar: Die Maus muss weg
aus unsrer Wohnung unverzüglich.
Die Jagd nach ihr ist nicht vergnüglich

und dauert viele Stunden lang,
führt durch die Stube und den Gang
zur off'nen Haustür dann hinaus.
Erst jetzt ist die Geschichte aus.

Bleigießen

Wenn die Mitternacht vorbei
und der Neujahrssekt getrunken,
wenn sich beruhigt hat das Geschrei,
wird die Gesellschaft hergewunken
zu dem Wasser in der Schüssel,
wo nahebei die Kerze brennt,
wo auch liegt ein alter Löffel:
Bleigießen man das Spielchen nennt,
wenn das geschmolzene Metall,
wie's von alters her man kennt,
wie ein kleiner Wasserfall
in der Schüssel wird versenkt,
wo es erstarrt, Figuren bildet
und man schließlich so erfährt
was das neue Jahr verkündet.

„Oh, er hat ein Nest gegossen“,
ruft das Irmchen fröhlich aus.
Was das wohl bedeuten könnte,
will jetzt wissen unser Klaus.
„Er bleibt immer hübsch zu Haus“,
meint das Irmchen, „will es sagen.“
„Nein, das ist ein Vogelhaus.
Er wird einen Vogel haben“,
meint darauf des „Künstlers“ Sohn.
Irmchen flüstert leis ihm zu:
„Kann nicht sein, den hat er schon.“
„Irmchen, jetzt versuch es du!“,

rufen alle hier im Chor.
Sie probiert es dann im Nu.

„Irmchen hat ein Schiff gemacht“,
ruft einer aus dem frohen Kreis.
„Eine Seereise ist angesagt“,
eine andere jetzt zu deuten weiß.
Alle achten auf das Mädchen,
keiner nach der Kerze schaut.
Die entzündet rasch ein Fädchen.
„Der Vorhang brennt!“, ertönt es laut.
Der Hausherr rasch die Schüssel greift
und leert das Wasser in das Feuer.
Auch Irmchen wird gleich eingeseift
und tropft danach ganz ungeheuer.

„Die Äquatortaufe hat sie schon,
bevor überhaupt sie fuhr davon“,
ruft jetzt ganz fröhlich unser Klaus
und trinkt darauf sein Gläschen aus.

Das braune Huhn

Mit dem dicken braunen Huhn
hatte ich es gern zu tun
einst auf Opas Bauernhof,
doch die weißen fand ich doof,
weil sie immer weggerannt
und ich keine Chance fand,
einmal eins davon zu fangen,

und auch, weil sie oft den hohen
Gartenzaun dann überflogen
und die Gärtnerin betrogen
um den Lohn für ihre Müh,
denn im Garten fraßen sie
dann das Gemüse, den Salat
und noch andre Sachen ab.

Doch das braune Huhn dagegen
tat sich gar nicht fort bewegen,
wenn ich nach ihm greifen wollte,
weil auf meinem Arm es sollte –
mochte gern gestreichelt werden.
Auch konnt' ich mit ihm erzählen,
hab es damals auch gebeten,
mir ein braunes Ei zu legen:
in den Korb im Hühnerstall
wie die andern Hühner all.

Mutter sah das gar nicht gern:
„Halt dich von den Hühnern fern,
Läuse haben die und Flöhe
und kommst du in ihre Nähe,
kriegst du auch dies Ungeziefer,
also meide Hühner lieber.“
Einmal dann zur Winterszeit,
kein Mensch war draußen weit und breit,
schlich der Marder um das Haus.
Alle Hühner rissen aus.

Nur das Braune ahnte nicht,
dass das war ein böser Wicht,
ließ sich fangen ohne Müh
und fressen von dem Mardervieh.
Mir tat's in der Seele leid.
Aus war es seit jener Zeit
mit meinem Hang zum Federvieh.
Das Braunchen doch vergess ich nie.

Das Eigenheim

„Bauherr, lass den Kopf nicht sinken,
bring uns erst etwas zum Trinken“,
tönt es dort vom Rohbau her.
Den Bauherrn ärgert das gar sehr,
hat er doch jedes Mal dabei
zwei Kisten für die Sauferei.

Darauf man ihm noch offenbart,
dass alle Öffnungen er hat
mit Plastikbahnen zu verschließen.
Und dann die Dachdecker ihn riefen,
es müsse dringend Schnaps herbei,
weil es zu kalt zum Decken sei.

Jetzt will er schnell die Röhren holen
und merkt dabei, die sind gestohlen.
Am Rohbau braucht er eine Tür
mit Schloss und Riegel, doch dafür
muss man erst einmal eine haben.
Und in dem Wasserabzugsgraben

viel Sand und Steine wieder liegen.
Da muss er sich recht bald bewegen,
um alles das hinauszuschaffen,
so macht er sich auch heut zum Affen.
Am Nachmittag hat er Termin
– und dort geht er nicht gerne hin –

bei seiner Bank. Er braucht noch Geld,
weil leider hier auf dieser Welt
ein Eigenheim sehr teuer ist,
was man jedoch ganz leicht vergisst.

Doch endlich ist das Häuschen fertig,
der Einzugstag, der nähert sich,
und alle lieben Anverwandten,
die Brüder, Onkel und die Tanten
beim Umzug sehr behilflich sind.
Der geht vonstatten auch geschwind.

Der Bauherr denkt: Jetzt steht das Haus,
doch trägt man mich vielleicht hinaus
viel eher, als ich abbezahlt
die vielen Schulden, die ich hab.
Und eins ist klar, dass ich fortan
mir gar nichts andres leisten kann.

Das Gästebuch

Oft hat man in den bessern Kreisen
ein Gästebuch heut vorzuweisen.
Der Grund dafür ist sonnenklar:
Man prahlt damit, wer mal hier war.
Denn wer das Buch gezeigt bekommt,
der schaut danach auch wirklich prompt.
Dann liest man auch noch, in der Tat,
die Lyrik, die mal von sich gab
so mancher Gast in früh'ren Zeiten
und kann danach darüber streiten,
ob etwas vielleicht geistreich sei
oder nur Lobhudelei.

Gar mancher seine Weisheit brachte
in Verse, Reime, weil er dachte,
dass das 'ne Form von Bildung sei,
auch wenn das Zeug von Sinn ganz frei.
Kriegst du dies Buch dann vorgelegt,
sich in dir bald die Frage regt:
Muss das denn sein, und auch warum
man nutzt ein solches Unikum?
Der Abend war doch sonst harmonisch,
der Wein war gut, nichts schmeckte komisch.
Doch jetzt noch das zum guten Ende –
was du da hinschreibst, spricht doch Bände

und offenbart den andern Gästen
bei diesem und folgenden Festen,

welch Geistes Kind du eben bist.
Verstrichen ist schon bald die Frist,
die man dir zugestanden hat,
zu bringen einen Text auf's Blatt.
„O Gästebuch, o Gästebuch,
du bist ein arger Stuss.
Man kommt sich vor wie auf dem Klo,
obwohl man gar nicht muss."
So schreibst du jetzt ganz ehrlich hin,
weil es dir kam grad in den Sinn,

und du darfst wirklich sicher sein:
Die laden dich nie wieder ein.

Das Glück dieser Erde

„Das Glück dieser Erde
liegt auf dem Rücken der Pferde.“
Wer kennt ihn nicht, den alten Reim?
Bei Otto hing er auch daheim
an einer Wand im kleinen Zimmer,
und dieser Otto träumte immer,
auf einem stolzen Pferd zu reiten
und junge Damen zu begleiten
beim Ritt durch lichten Eichenwald,
wo man danach dann käme bald
auf wunderschöne, grüne Wiesen,
wo viele bunte Blumen sprießen.

Im Herbst man dann dem Fuchs nachjagte
und viele kühne Sprünge wagte,
um Gräben schnell zu überwinden.
Am Abend würden sich einfinden
zum angenehmen Reiterballe
die vielen braven Reiter alle. –
Zuerst musste Otto Reiten üben,
dabei durfte ihn auch nicht betrüben
des Lehrers Ton und sein Geschrei,
dass er ein Antireiter sei.

Auch Brummi, sein geliebtes Ross,
verpasste ihm manch harten Stoß
und ließ sich überhaupt nicht leiten
dorthin, wo er gern wollte reiten.

Das Reiten brachte viel Verdruss,
drum machte er auch damit Schluss,
verzichtete auf Reiterbälle
und wandte sich dann auf der Stelle
mit großer Freud dem Boulesport zu –
da hatte man doch viel mehr Ruh.

Das Klassentreffen

Im Kaiserhof, im Nebenraum,
da geht es rund, man glaubt es kaum.
Gut 20 Jahre sind verstrichen,
da hat man hier in diesem Saal
das Thema Schulzeit ausgestrichen
mit dem Vermerk: Es war einmal.
Man zog hinaus ins echte Leben
zum Studium oder in die Lehr'.

Es sollte kein Zurück mehr geben,
die andern traf man kaum noch mehr.
Doch jetzt, nach dieser langen Zeit,
als einer sie hat eingeladen,
da waren alle schnell bereit
und kamen an in hellen Scharen.
Es wird gelacht und wird erzählt
von diesen guten, alten Zeiten,

wie man die Lehrer hat gequält,
die keiner damals konnte leiden.
Danach war die Karriere dran,
die jeder schon gemacht hat:
der eine bei der Eisenbahn,
der andere im Rat der Stadt.
Was man verdient, wie reich man ist
und welchen Ferienort man liebt,

und schon nach einer kurzen Frist
man sich die tollsten Ratschläg' gibt.
Der dicke Heiner, einst bekannt
als eine von den größten Nieten,
reißt auf das Maul bis an den Rand
und will sie alle überbieten.
„Fünf Häuser hab ich und zehn Wagen,
und eine Jacht am Mittelmeer.

Mein Geld, das kannst du gar nicht tragen,
mein Weinkeller wird niemals leer.“
Die anderen vor Neid erblassen
und schauen ihn voll Ehrfurcht an.
Dann wollen sie sich sagen lassen,
wie man denn dieses machen kann.

Der dicke Heiner sagt ganz bieder:
„10 Euro stehen am Beginn,
für 20 dann verkauf ich wieder.
Die 10 Prozent sind mein Gewinn
und machen mich zum reichen Mann,
was jeder leicht verstehen kann.“

Das Schaukelpferd

Im Museum ein Schaukelpferd
hat Frau Klein dazu geführt,
wieder einmal dran zu denken,
wie ihr die Eltern einmal schenkten
ein solches Pferdchen, ganz aus Holz.
Darauf war sie besonders stolz

und ist manchmal auf ihm geritten,
wenn ihr Püppchen sie tat bitten,
weit in die große Welt hinaus –
doch nur im Geist und nur zu Haus.
Das Pferd war ihr besonders lieb,
weshalb dem Weihnachtsmann sie schrieb

auch einen langen Dankesbrief
am Abend, als schon alles schlief.
Das Peterle, ein Freund von ihr,
stand eines Tages vor der Tür
und hat alsbald ihr vorgeschlagen,
wenn dieses Pferd ihn könnte tragen

rund um den Tisch in dieser Stube,
wenn das gelang, wollte der Bube
von ihr dann all ihr Neujahrsgeld.
Wenn er jedoch herunterfällt,
hat er sein Messer hingestellt
als schönes Pfand, das ihr gehöre,
damit sie sich nicht noch beschwere.

Dann hat das Pferdchen er bestiegen,
tat heftig hin und her es wiegen
und hielt es dann ganz plötzlich an:
Da rutschte es ein Stück voran.
So kam er um den Tisch herum,
denn die Idee war gar nicht dumm.

Doch irgendwann, da war es aus.
Er flog über des Pferdes Kopf hinaus
und riss in seiner großen Not
den Tisch noch um, mitsamt dem Brot.
Dann ist er heftig hingeknallt.
Darauf kamen die Erwachsenen bald
und riefen auch den Doktor her.
Der sah sich an dieses Malheur
und schickte Peter ins Spital.

Dem Mädchen war das ganz egal:
Für sie war nur das Schaukelpferd
ganz wichtig, das dort unversehrt
hinterm Weihnachtsbaum sie fand.
Das war ja wirklich allerhand!

Das verlassene Vögelchen

Auf einem Stein dort an der Wand
einer ein kleines Vöglein fand,
als er dort einmal hingeschaut,
und schon verkündet er ganz laut:

„Das ist wohl aus dem Nest gestürzt,
und der Stein hat dann verkürzt
seinen Fall und es gerettet,
sonst wäre es bestimmt zerschmettert

hier unten auf den Schulhofsteinen."
Jetzt sagen alle, dass sie meinen
und glauben, dass der kleine Wicht
nur noch eine Chance kriegt,

wenn er kommt ins Nest zurück.
Das wär für ihn ein großes Glück.
Dafür braucht man eine Leiter,
und dann ging die Sache weiter

mit der Suche nach dem Nest.
Denn sie stellten alle fest:
Bleibt der kleine Kerl dort sitzen,
wird ihn wohl schon bald stibitzen

eine Eule in der Nacht –
und was die dann mit ihm macht,
ist nicht schwer sich vorzustellen.

Deshalb sie jetzt alle wollen,
dass eine Leiter wir nun sollen

leihen in der Nachbarschaft.
Ich hab sie dann herbeigeschafft,
und also mit vereinter Kraft
haben wir sie aufgerichtet,
wo man den Vogel hat gesichtet.

Ich bin dann hinaufgestiegen,
um den Burschen dort zu kriegen
und wegzubringen von dem Ort .
Doch plötzlich fliegt der Kleine fort.

Lustig flattert er fürwahr
über meine Schülerschar,
bis in den Baum in Nachbars Garten,
wo offensichtlich ihn erwarten

seine lieben Eltern schon,
denn jetzt kriegt er auch zum Lohn
allerlei in seinen Schnabel.
Für uns war das sehr blamabel.

Der „Kater“

Der „Kater“ ist ein seltsam Tier.
An manchem Morgen ist er hier.
Er nistet meist sich ein im Kopf,
doch kann der unverschämte Tropf

auch lästig sein in den Gedärmen,
ist sehr empfindlich gegen Lärmen
und auch ein richtig helles Licht
mag dieses Vieh am liebsten nicht.

Er hat etwas gegen Bewegung,
verabscheut jegliche Erregung,
verlässt gegen Abend erst das Haus
und wandert in die Welt hinaus.

Woher kommt so ein „Kater“ nur?
Man kann verfolgen seine Spur
quer durch die Nacht, die grad vergangen,
wo es ganz harmlos angefangen

mit einem Glas zum Abendessen,
den Schnaps danach nicht zu vergessen.
Dann nährt sich so ein „Katertier“
am liebsten noch von Wein und Bier.

Auch Sekt, Likör, den Gin und Rum
findet er überhaupt nicht dumm.

Je mehr er davon kriegen kann,
je größer wird der „Kater“ dann.

Rezepte, um ihn zu vertreiben,
könnt man viele hier beschreiben:
So sei der Rollmops so ein Mittel,
auch trocken Brot, ein gutes Drittel
von einem Laib, soll hilfreich sein.

Am besten trinke man gleich aus
Mineralwasser, falls dies zu Haus.
Ein Schläfchen hilft, ihn zu vertreiben,
doch mag er das oft gar nicht leiden.

Am besten aber wird es sein,
man lässt ihn gar nicht erst herein.
Dann hat man später nicht die Müh
zu scheuchen so ein „Katervieh“.

Der Besserwisser

Endlich ans Ziel gekommen
mit der Schneeschieberei.
Hatt' es mir vorgenommen:
Gehweg ist frei.

Jetzt noch die Treppenstufen,
die alten und glatten.
Decke sie einfach ab
mit unseren Matten.

Nachbar kommt angerannt,
denkt, ich würd mich freuen,
Salzeimer in der Hand,
fängt an zu streuen.

„Kein Salz!“, bitt ich ihn,
„ist doch so schädlich.“ –
„Das hat doch keinen Sinn,
ich streue täglich!“

Frühling sich endlich zeigt.
Alle die Beete
neben dem Bürgersteig
sind leer und öde.

„Das war der viele Schnee“,
er laut erklärt,

„der tat den Pflanzen weh,
hat sie zerstört."

Ich ruf aus vollem Hals,
er kann es hören:
„Das war das viele Salz,
drauf würd ich schwören!"

Jetzt dreht er schnell sich um,
rennt in sein Haus.
Ich hör noch sein Gebrumm:
„Die Freundschaft ist aus!"

Der Besuch

Zu Besuch kam eine alte Tante,
die man so genau nicht kannte,
aber eins war doch gewiss,
dass sie kinderlos wohl ist.

Der Familie war bald klar,
dass hier etwas zu holen war.
Man gab drum die Devise aus,
ganz genauso wie zu Haus

soll sich hier die Tante fühlen,
muss nicht putzen, muss nicht spülen,
wie ein roh' Ei behandelt werden,
den Himmel haben schon auf Erden.

Später kommt zu ihr Klein-Lieschen,
schämt sich erst ein kleines bisschen,
sagt aber dann brav: „Danke, Tante",
für ein Geschenk, das sie ihr sandte.

Die Tante ziert sich und führt an,
dass am Geschenk war nicht viel dran.
„Das hat die Mama auch gesagt",
darauf die liebe Kleine klagt,

„doch soll ich trotzdem tun, als sei
mir das Geschenk nicht einerlei."
Die Tage gehn, es werden Wochen,

die Tante ist nicht aufgebrochen.

Ihr scheint es gut hier zu gefallen
zum Ärger von den andern allen.
Eines Abends bringt der Tante
die allerkleinste Anverwandte

ein Glas mit Opas Zähnen drin
und stellt es ganz ruhig vor sie hin.
Die ist darüber sehr erstaunt
und hat dem Mädchen zugeraunt,

was dieses denn bedeuten solle?
Dies Tantchen von ihr wissen wolle!
„Man müsst' dir zeigen mal die Zähne,
der Vater gestern noch erwähnte."

Die Tante laut darüber lacht,
hat sich jedoch nicht fort gemacht.
Beim Frühstück ist dann das passiert,
dass Lieschen der Tante hat serviert
ein Büschel Gras auf ihrem Teller.

„Die Mama sagt, es ging viel schneller,
dass reich wir werden, sie wird's wissen,
wenn du erst hast ins Gras gebissen."
Das bringt die Tante dann auf Trab:
Am nächsten Morgen reist sie ab.

Der blaue Pullover

Ein Mann an seinem Schreibtisch schafft –
die Ehefrau ist ausgegangen –,
bemüht sich dort mit aller Kraft,
muss öfter einmal neu anfangen.

Ein Klingeln durch die Stille tönt,
jetzt steht er auf, um nachzuschauen,
er streckt sich, reckt sich, und er stöhnt:
„Der will mir meine Zeit wohl klauen."

Da draußen steht ein fremder Wicht,
will ihm sein Leben lang berichten.
Dem Mann gefällt das aber nicht,
hat noch viel Arbeit zu verrichten.

Er kramt hervor ein Geldstück schnell
und drückt's dem andern in die Hand.
„Mach dich davon jetzt auf der Stell!"
Jedoch der andre nicht verschwand.

„Ist denn die nette junge Frau
vom vorigen Jahr heut nicht zu Haus?
'nen Pullover, er war blau,
den gab sie mir, dem armen Klaus.

Er war so schön, er war so neu,
dass ich ihn schnellstens hab vertickt.

Jetzt bin ich hier, weil ich mich freu
und hoff, ich werd noch mal beglückt."

Dem Hausherrn ward jetzt plötzlich klar,
was er sich nicht erklären konnte,
wohin das Stück verschwunden war,
weswegen sie ihm oftmals grollte.

Sie konnt' den Blauen niemals leiden
hat heimlich ihn mehrfach versteckt.
Der würde ihn doch gar nicht kleiden,
und außerdem sei er verdreckt.

Jetzt wusst' er, wo der abgeblieben,
der Fremde hier hat's ihm gesagt.
Doch dafür würd er seiner Lieben
versalzen morgen den Salat.

Der Einkauf

Herr Meyer geht mit seiner Frau
ins Kaufhaus heute in der Stadt,
denn diese weiß es ganz genau,
was der Herr Meyer nötig hat.

Herr Meyer möchte Hemden kaufen
in der Abteilung für den Herrn.
Frau Meyer hört man darauf schnauben:
„Hemden zu kaufen liegt mir fern.

Hosen brauchst du, leichte, helle,
die kaufe ich dir hier auch gern.
Die holen wir jetzt auf der Stelle
in der Abteilung für den Herrn."

Herr Meyer kennt die Größe nicht,
die er benötigt bei der Kleidung,
deshalb macht er ein dumm' Gesicht.
Frau Meyer trifft rasch die Entscheidung.

„Die könnte passen", sagt sie dann
und legt eine vor ihn hin.
Der Mann probiert sie folgsam an,
fühlt sich jedoch nicht wohl darin.

„Dann such dir selbst die Hose aus",
erklärt Frau Meyer und verschwindet.

Der Mann probiert noch viele aus,
bis er dann lauthals doch verkündet:

„Die Erste war die allerbeste
von allen, die ich anprobiert.
Bevor ich hier noch weiter teste,
so nehm ich die ganz ungeniert.“

Jetzt kommt Frau Meyer auch zurück,
und gratuliert ihm zu dem Kauf.
Da strahlt Herr Meyer voller Glück,
hält seiner Frau die Türe auf

und fühlt sich wie ein echter Mann,
der Hosen schon selbst kaufen kann.

Der Fernseher

Abends, wenn der Vater kommt
von der Arbeit müd und matt,
setzt er sich alle Tage prompt
zum Fernsehn vor den Apparat.

Essen, trinken tut er dort,
Zeitung lesen manches Mal.
Der Fernseher läuft immerfort.
Das Programm ist ihm egal.

Ob die Familie hier im Haus
oder ausgegangen ist,
dass die Katze will hinaus,
er dabei völlig vergisst.

Stört man ihn bei dem Genuss,
weil man etwas fragen will
und er Antwort geben muss,
sagt er nur: „Sei endlich still!“

Gestern Abend plötzlich macht
der Apparat auf einmal dunkel.
Plötzlich hat es laut gekracht,
und aus war's mit dem Bild-Gefunkel.

Unserm Vater wird bald klar,
obwohl er es nicht denken wollte,

dass der Apparat hinüber war
und ihn in Ruh man lassen sollte.

Langsam dreht er sich herum,
schaut ganz still im Raum umher,
und dann hört man sein Gebrumm:
„Sag einmal, wer ist denn der?“

„Unser Sohn“, sagt seine Frau,
„kennst du ihn denn gar nicht mehr?“
„Stimmt nicht, denn ich weiß genau,
dass der doch viel kleiner wär.“

Der Ganter

Angst hatte ich vor Hunden
und auch vor Katzen nicht empfunden,
und auch im Stall das liebe Vieh
ängstigte mich damals nie,

als ich, ein kleiner Vorschulmann,
meine Bekanntschaften begann
mit vielen Tieren hier am Ort.
Doch lief ich regelmäßig fort,

wenn ich die weißen Gänse sah
und sie mir kamen allzu nah –
seit jenem Tag, da ich erlebte,
wie auf der Straße sich bewegte

die riesengroße Gänseschar,
worunter auch ein Ganter war.
Ich lief vorbei, wohl ziemlich nah,
und dann auf einmal war er da.

Er griff mich an und zischte laut,
ich habe mich gar nicht getraut,
ihn wegzujagen noch zu schlagen,
und habe alles still ertragen.

Fest hat er mehrmals mich gezwickt
und sich auch dann noch nicht verdrückt,

als eine Frau gelaufen kam
und mich in ihre Arme nahm.

Er streckte wieder vor den Hals
und zischte laut, versuchte als ,
mich trotzdem noch einmal zu beißen.
Sie konnte eben noch entreißen

mich diesem weißen Ungeheuer.
Dann gab sie ihm gehörig Feuer
mit Schlägen und wohl auch mit Tritten
und hat es so nicht mehr gelitten,

dass er mich weiter attackiert.
Da ist er endlich abmarschiert.
Heut gibt es Gänse nur im Zoo,
sonst findet man sie nirgendwo.

Der gebrochene Flügel

Als wir durchquerten einen Wald,
war uns ein Vogel draufgeknallt
ganz fest auf unsre Windschutzscheibe
und dann geflogen auf die Seite.

Dort haben wir ihn dann gefunden.
Er war auch wirklich sehr zerschunden,
drum nahmen wir ihn mit nach Haus
und setzten ihn ins Vogelhaus.

Ein Flügel war wohl sehr lädiert.
Der Tierarzt hat danach probiert,
ihn langsam wieder einzurichten,
doch das gelang ihm dann mitnichten.

Stattdessen fiel der Flügel ab.
Jetzt wusste ich genau, ich hab
ein riesengroßes Tierproblem:
Was machen wir denn bloß mit dem?

Ihn einfach wieder auszusetzen,
sorgte bei allen für Entsetzen,
denn draußen wird ihm bald begegnen
ein Raubtier und ihn dann erlegen.

Doch immer nur im Bauer hocken,
konnte ihn wohl auch nicht locken

und uns stets binden an das Haus.
Die Aussicht war ja auch ein Graus.

In unsrer Nachbarschaft ganz nah
ich dann des Rätsels Lösung sah.
Eine Voliere hatte dort ein Mann,
in der man täglich sehen kann

Vögel von jeder Art und Sorte.
Ich gab ihm sofort gute Worte,
so nahm das Schicksal seinen Lauf,
denn er nahm unsren Vogel auf,

der dort bei seinen Artgenossen
mit einem Flügel unverdrossen
noch lebt und auch in Sicherheit
bis heute sich des Lebens freut.

Der Gentleman

Der Bus ist voll, wie jeden Morgen.
Dem Oskar macht das keine Sorgen,
weil er schon einen Sitzplatz hat
auf dieser elend langen Fahrt.

Doch viele Leute, auch die Alten,
die stehn und müssen sich festhalten
an Riemen, Griffen und an Stangen,
damit sie an ihr Ziel gelangen.

Der Oskar denkt: Was kümmert's mich,
ein jeder ist der Nächste sich.
Und wieder hält der Bus jetzt an.
Man drängt herein, so gut man kann.

Genau bei Oskars Sitz jetzt steht
'ne Frau, der wirklich schlecht es geht.
Hochschwanger ist sie, wie man sieht.
Obwohl sie sich ganz stark bemüht,

nicht umzukippen, wo sie steht,
sieht Oskar doch, wie schlecht's ihr geht.
Jetzt steht er auf, ganz Kavalier,
und sagt auch gleich darauf zu ihr,

sie soll sich setzen rasch dahin.
Es kam ihm halt so in den Sinn.

Sie setzt sich, lächelt froh ihn an:
„Du bist ein wahrer Gentleman,

wie man sie selten heut noch findet“,
sie lauthals dann im Bus verkündet.
In seiner Schule, Wochen später,
fragt plötzlich einmal der Herr Lehrer,

was denn ein Gentleman wohl ist,
ob das vielleicht ein Schüler wüsst.
Oskar kommt die Szene in den Sinn
vom Bus, und er sagt daraufhin,

wer eine Schwang're sitzen ließ,
der sei ein Gentleman gewiss.
Der Lehrer sah nicht glücklich aus,
der Schüler Spott gab's zum Applaus
für Oskar dann minutenlang.

Der dachte nach und fragt sich bang,
was das wohl zu bedeuten hätte.
Die Schwang're damals, diese nette,

hat es ihm doch selbst gesagt,
obwohl er nicht danach gefragt.
Jetzt lachen sie, diese Banausen!
Wirklich, es ist zum Haareraufen.

Der Hirte

Es war in meinen Volksschuljahren,
da sollte ich einmal erfahren,
wie kompliziert es doch sein kann,
fängt so ein Weihnachtsspiel man an.

Ich war als Hirte ausersehen
und sollte in der Kirche stehen
mit Umhang, Hut und großem Stecken.
Dabei durfte ich auch nicht verdecken

die Krippe und das Jesuskind,
weil die besonders wichtig sind.
Hunde musste auch mitbringen,
nach meiner Sicht von diesen Dingen,

ein Hirte. Er braucht sie unbedingt,
weil es ihm sonst ja nicht gelingt,
die Schafe richtig zu verwahren.
Der Bello und der Nero waren

deshalb bei diesem Kirchengang
dabei, und mir war gar nicht bang,
dass das die Leute auch erfreute,
die in der Kirche waren heute.

So standen wir vor dem Altar.
Der Nero fand es wunderbar,

dort einmal schnell das Bein zu heben.
Ich konnt das noch verhindern eben.

Bello entdeckte meine Mutter,
was für ihn hieß: Jetzt gibt es Futter.
Drum wollte er schnell zu ihr rennen,
ich hab ihn grad noch bremsen können.

Beim Orgelspiel die Jaulerei
war mir jetzt auch schon einerlei.
Jedoch das Bellen bei der Predigt
hat die Stimmung dann erledigt.

Ich öffnete die Kirchentür,
da rannten sie auch schon zu mir
und sind dann schnellstens hier verschwunden.
Zu Hause hab ich sie gefunden.

Der Herr Pfarrer ließ mich kommen,
und er hat mich dann vernommen
wegen meiner zwei Trabanten,
die das Benehmen gar nicht kannten,

das in der Kirche sich geziemt.
Wir hatten es ja nicht geübt!

Der Hypochonder

Herr Paul fühlt sich beständig krank,
dann sitzt er auf der Ofenbank
und macht sich viele, viele Sorgen,
was denn vielleicht am nächsten Morgen

ihn schmerzen könnt in seinem Leib.
Das ist sein liebster Zeitvertreib.
Heut Mittag hat er Magendrücken,
auch tut die böse Leber zwicken,

und Schulterrheuma quält ihn auch,
genauso wie der Oberbauch.
Im Bein sich oft das Wasser staut,
sein Herz, das pocht ihm viel zu laut,

und auch der blöde Schädel brummt,
sowie in beiden Ohren summt
ein ganzes Nest voll von Hornissen.
Auch brennt es manches Mal beim Pissen.

Damit es ihm bald besser geht,
hält der Herr Paul strengste Diät.
Fleisch jeder Sorte ist entbehrlich,
Erbsen und Bohnen sind gefährlich,

Sauerkraut ihn blähen tut,
auch rohes Obst tut ihm nicht gut.

Das Brot ihm schwer im Magen liegt,
von Kuchen er Sodbrennen kriegt.

Dem Wein hat er längst abgeschworen,
am Bier auch den Geschmack verloren.
Limos trinkt er nur dann und wann,
weil er sie nicht vertragen kann.

An jedem zweiten Tag er kommt
zum Hausarzt in die Praxis prompt.
Der röntgt ihn mit dem Apparat,
schreibt ein Rezept, gibt einen Rat:
„In Ihrem Alter stellt sich ein,
lieber Herr Paul, manch Zipperlein.“

„Wenn der nicht krank ist, fühlt er sich
nicht mehr gesund, der Tadderich“,
der Arzt zu seiner Frau dann spricht.
Doch abweisen tut er ihn nicht.

Der klagende Student

Ein Student, ein wirklich treuer
– trinken konnt er ungeheuer –,
an seiner Uni er wohl war
bereits im siebten, achten Jahr.

Er wär auch gerne noch geblieben,
jedoch der Vater hat geschrieben,
dass er die Zahlung stelle ein,
vorbei sei's mit dem Freifahrschein.

Jetzt hat der Mann nichts mehr zu lachen,
muss endlich sein Examen machen,
was er schon zweimal hat probiert
und was ihm immer ist falliert.

Nun endlich er zum Buche greift
und hat den Lehrstoff dort gestreift.
Das Internet ihm dann soll sagen
die Antwort auf die vielen Fragen.

Doch dort gibt's Interessanteres,
Unterhaltsam'res, Pikanteres,
was er bei seinem Suchen findet
und was am Lernen ihn behindert.

Als das Examen war vorbei,
vergeblich war die Lernerei,

er wieder durchgefallen war,
zum dritten Mal, das war ihm klar,

er zu seinen Freunden spricht:
„So geht das aber diesmal nicht!
Ich werde vor Gericht jetzt klagen:
Der gleiche Saal, die gleichen Fragen,
die gleichen Prüfer dort wie immer.
Und ich davor hatt' keinen Schimmer.“

Der Lauf der Welt

Setzt im Herbst der Laubfall ein,
beeilt sich täglich der Herr Klein,
im Vorhof und auf den Gehwegen
das bunte Laub hinwegzufegen.

So etwa zwanzig Körbe voll
– das ist am Tag normal sein Soll –
sieht man ihn zum Kompost tragen
und hört ihn danach häufig sagen:

„Mein Nachbar, dieser faule Hund,
lässt alles liegen, kunterbunt.
Noch nicht einmal ein kleines Blatt
der bisher weggetragen hat.

Man sieht vor diesem Blättermeer
den Bürgersteig schon gar nicht mehr."
Dagegen ist auf seiner Seit'
kein Blatt zu finden weit und breit.

So soll es sein, das freut ihn sehr,
da fällt die Arbeit auch nicht schwer. –
In einer kalten, dunklen Nacht
hat sich ein Sturmwind aufgemacht

und pfeift und bläst gar ohne Ruh
des Nachbarn Laub Herrn Klein jetzt zu.

Sein Gehsteig liegt am Morgen voll,
der Vorhof auch, es ist ganz toll,

denn auf des lieben Nachbarn Stück
bleibt nicht ein einzig' Blatt zurück.
Herr Klein tobt darauf fürchterlich,
beschwert sogleich beim Nachbarn sich,

doch der lacht nur und sagt geschwind:
„Beschwer dich bei dem starken Wind,
der heute Nacht geblasen hat.
Ich habe den doch nicht bestellt.
So etwas nennt man Lauf der Welt."

Der Museumsbesuch

Ein Mann mit seinem Sohn geht heute
ins Museum, wie manch andre Leute.
Die Führung lehnt er rundweg ab,
weil er in seinem Kopfe hat,

was hier überall zu sagen ist,
da er so schnell ja nichts vergisst.
„Die Römerzeit" das Thema heißt,
wie das große Schild beweist,

das man an der Tür dort sieht,
wohin es den Knaben mächtig zieht.
Die *villa* er zuerst bestaunt,
hat dann dem Vater zugeraunt:

„Sieht heute noch in Rom ein Haus
genauso wie die *villa* aus?"
Der Vater überfordert war
von dieser Frage ganz und gar.

Er sagt darauf: „Ich denke schon,
dass das so ist, mein lieber Sohn."
Ob sie auch solche Waffen haben
wie auf dem Bild hier, fragt der Knabe.

Der Vater nickt und wünscht sich fort
ganz schnell an einen andern Ort.

„Sind die auch heut noch so gekleidet
wie der, der auf dem Pferd dort reitet?“

„Wahrscheinlich schon“, der Vater meint
und hätt am liebsten jetzt geweint.
Wie soll er da nur Antwort geben,
wo er doch nie in seinem Leben

in Rom einmal gewesen war.
Dem Sohn wird allerdings jetzt klar,
was er schon manches Mal vernommen:
„Ich glaub, du siehst die Römer kommen.“

Was das bedeutet, weiß er jetzt
und ist ganz fürchterlich entsetzt.

Der offene Kamin

Wenn an kalten Wintertagen,
so hört man die Leute sagen,
es draußen Stein und Bein gefriert,
wird der Kamin flugs angeschürt.

Wenn die Reiser Feuer fangen,
dicke und auch dünne Stangen
flackern, knistern, Funken sprühen,
schwere Scheite lange glühen,

dann sitzt gern ein jeder Mann
am Kamin, so lang er kann.
Schaut dem Flammenspiel dort zu,
trinkt vielleicht in guter Ruh

auch ein Gläschen Wein dabei.
Das Wetter ist ihm einerlei.
Doch bevor das so geschieht,
dem Mann noch etwas andres blüht:

In die Kälte muss er gehen,
nach dem Holzstapel dort sehen,
Reiser und auch Holz aufladen
und den schweren Korb voll tragen

in die Stube zum Kamin.
Asche ist in dem noch drin,

die er erst hinaus muss schaffen,
danach einige Reiser raffen

in die Feuerstelle schnell,
Papier darunter, dann wird's hell,
wenn die Flamme endlich brennt,
dass man Holz drauflegen könnt.

Manchmal aber läuft's so nicht:
Qualm entsteht, der arme Wicht
räuchert damit dann im Nu
die Stube und die Küche zu.

Schnell reißt er die Fenster auf,
Kaltluft kommt herein zuhauf.
Schöne Wärme nicht entsteht,
und dem armen Mann vergeht

jede Lust aufs Feuermachen,
er denkt an ganz andre Sachen.
Die Familie aber protestiert,
alldieweil sie schrecklich friert.

Ein Männerspielzeug, heißt es, sei
der Kamin und die Feuermacherei.
Der Qualmmann aber denkt bei sich:
Auf solches Spielzeug pfeife ich.

Der Redakteur

Der Redakteur von unserm Blatt,
es auch nicht immer einfach hat,
denn allen Menschen recht getan,
ist eine Kunst, die niemand kann.

Ein Roter sei er, manche meinen,
ein Schwarzer, will es andern scheinen.
Zu grün sei er, ganz viele rufen,
als Liberalen manche ihn einstufen.

Egal, was immer er auch schreibt,
verschnupft die eine Hälfte bleibt
und droht ihm, bald zu kündigen
das Abo, ja, sich zu versündigen,

indem man nur noch lesen will,
was frei von jeglichem Profil.
Weil er so viel vom Fußball schreibt,
die Handballspieler er vertreibt,

und auch die schöne Reiterei
von ihm nicht recht gewürdigt sei.
Und geht es dann um die Kultur,
hätt er von Ahnung keine Spur,

bringt nur, worüber man gern lacht,
zum Beispiel von der Fassenacht.

Vom Städtchen kann man immer lesen,
im Dorf sei er noch nie gewesen.

Die Anzeigen auch viele stören,
man will, er soll damit aufhören,
doch das liegt nicht in seiner Macht,
erklärt er uns dazu, und lacht,

weil er hier einmal schieben kann
die Schuld auf einen andern Mann.

Der Tollpatsch

Mit ihrem jungen Hund marschiert
die kleine Kendra froh nach Haus.
Der muntre Bursche jetzt probiert
so manches kleine Spielchen aus:
Er jagt die Amseln unterm Baum,
wo sie die alten Äpfel picken,
und sucht die Mäus am Waldessaum,
die sich im hohen Gras verstecken.

Die Pfützen er danach durchquert
und saut sich zu bis obenhin.
Das Mädchen findet das verkehrt,
sieht darin nämlich keinen Sinn.
Sie leint ihn an und führt ihn dann,
wie sie es denkt und wie sie will,
dass er keinen Unsinn machen kann.
Der muntre Bursche folgt ihr still.

An einer ganz bestimmten Stelle
am Rand von einem großen Wald
reißt er sich los und auf die Schnelle
saust er jetzt in die Hecken bald.
Die Eltern sind doch sehr verwirrt,
als Kendra ist noch nicht zu Haus,
sie denken, sie hat sich verirrt,
und gehen deshalb beide aus,

um sie auf ihrem Weg zu suchen.

Da kommt der Hund alleine an.
„Du Tollpatsch!", hört man Mama fluchen,
„da sieht man wieder, dass man kann
dir gar nicht trauen und versuchen,
auf dich zu bauen dann und wann.

Jetzt lässt du unser Kind allein
da draußen in der Dunkelheit
und rennst schnell heim,
bist nicht gescheit:
Bist halt ein Tollpatsch noch, ein junger."
Er läuft den Weg vor ihnen her,
bleibt stehn und rennt dann wieder fort,
dann saust im Wald er kreuz und quer,
führt sie an den bewussten Ort,

wo Kendra kniet bei einem Reh,
das nicht mehr fort kann von dem Platz,
denn eine Schlinge tut ihm weh.
„Komm her, du bist ein echter Schatz!",
lobt sie den Hund. „Dass ich euch seh,
das hat doch er allein gemacht,
den ich nach Hause hab geschickt,
und er hat euch hierhergebracht.
Das ist ja wirklich gut geglückt."

Die Mutter aber schweigt jetzt still,
weil sie sich nicht blamieren will.

Der Unfall

Auf der Bundesstraße 40
hat es wieder mal gekracht.
Der Verursacher, Herr Würzig,
stand dabei und hat gelacht.

Eilig kommt die Polizei
mit Tatü und Blaulicht an.
Auch Herr Würzig läuft herbei.
Man ergreift sofort den Mann.

Blasen soll er später dann
in das Röhrchen mit der Karte.
Würzig sagt, dass er's nicht kann
wegen seiner Hasenscharte.

Drauf sagt ihm der Polizist,
der das gemacht schon hundertmal,
zur Blutentnahme er dann müsst
mitkommen in ein Hospital.

„Auch das geht nicht", der Würzig spricht,
erklärt, dass er ein Bluter sei.
Blutentnahme darf er nicht,
weil dann sein Leben rasch vorbei.

„Dann geh einmal auf diesem Strich!"
Der Mann zeigt auf 'ne Linie hin.

Darauf der Herr Würzig spricht:
„Geht nicht, weil ich besoffen bin."

Der Vermittler

Der Peter ist ein rechter Mann,
an ihm ist wirklich alles dran,
doch sieht er gar nicht blendend aus
und sitzt auch meistens nur zu Haus.

Auch mit den Frauen klappt es nicht,
und darum ist der arme Wicht
ein Junggeselle auch noch heut,
was er schon manchmal hat bereut.

Da kommt an einem Sommertag
sein Freund an und ihm fröhlich sagt,
dass er ihm eine Frau könnt bringen,
passend zu ihm in allen Dingen.

Dann fängt er an, die Frau zu preisen,
grad so, als würden um sie sich reißen
die Männer auf der ganzen Welt,
was unsrem Peter gut gefällt.

„Sie ist noch jung, wohl zwanzig Jahr,
und sieht auch aus ganz wunderbar,
und außerdem hat sie viel Geld,
und ihr Charakter wohl gefällt
den Leuten allen, die sie kennen,
man kann sie einen Engel nennen."

Der Peter findet das zwar schön,
doch spürt er, dass bei dem Getön
des Freundes etwas wohl nicht stimmt,
weshalb er ihn in die Zange nimmt:

„Wenn reich sie ist und auch nicht alt
und sie auch schön ist von Gestalt,
warum, so muss ich dich da fragen,
ist sie nicht längst im Ehehafen?“

Der Freund kommt in Verlegenheit,
da sei noch eine Kleinigkeit,
die er bis jetzt noch nicht genannt
und die auch ihm nur sei bekannt:
„Ein bisschen schwanger ist sie halt,
doch das geht vorüber bald.“

Der Wasserfall

Es rauscht im Wald der Wasserfall,
wenn's nicht mehr rauscht, ist's Wasser all.
Vorbei ist's mit der Herrlichkeit
und den Touristen weit und breit.

Verlassen liegen Weg und Wald,
und auch der Parkplatz ist jetzt leer.
Im Gasthaus bleibt die Küche kalt,
und auch der Sänger kommt nicht mehr.

Der Koch macht Urlaub irgendwo,
und die Bedienung sucht im Blatt,
ob nicht vielleicht bis Ultimo
wer eine Fachkraft nötig hat.

Der Kutscher fährt nicht mehr hierher,
sein Pferd steht arbeitslos im Stall.
Die Kasse bleibt dem Wirt jetzt leer,
und schuld dran ist der Wasserfall.

Dann kommt der Herbst, der Regen rinnt
den ganzen Tag und jede Nacht.
Der Wasserfall jetzt auch beginnt
und steigert sich mit aller Macht.

Und rauscht im Wald der Wasserfall,
gerade wie es früher war,

Touristen kommen wieder all,
der Rubel rollt, ’s ist wunderbar.

Der Weihnachtsmann

Heute stapft der Weihnachtsmann
nicht mehr durch den dunklen Tann,
sieht auch keine Lichtlein blitzen
auf den hohen Tannenspitzen.
Auch mit einem Rentiergespann
kommt er nur noch im Fernsehn an.

Nie mehr macht er noch Besuch
mit dem dicken, schwarzen Buch
bei den Kindern in der Wohnung
und gibt ihnen zur Belohnung
Äpfel, Nüss und Mandelkern.
Das essen die heut nicht mehr gern.

Auch straft er nicht mehr mit den Ruten
die Bösen und die nicht so Guten.
Schwarzes Buch und großen Sack,
die er einst schleppte huckepack,
hat die Geschichte mitgenommen,
werd'n sicher auch nie wiederkommen.

Heut steht der gute Nikolaus
meistens nur noch im Kaufhaus,
um Weihnachtsstimmung zu verbreiten
und um zum Einkauf zu verleiten
die hochverehrte Kundenschar,
damit die Glocken wunderbar

an allen Kassen süßer klingen
und ordentlich Profit einbringen.

Wunschzettel schreibt heut mit der Hand
kein Kind mehr hier in unsrem Land.
Die schickt man jetzt per E-Mail fort
an irgendeinen fremden Ort,
der etwa „Himmelreich“ genannt,
doch wo das liegt, ist unbekannt.

Die fiese Taube

Schon früh fängt sie zu gurren an,
und das stört Herrn Hanselmann.
Weil er dann so früh erwacht,
hat er darüber nachgedacht,
wie er die Taube kann vertreiben.
Sie sollte nicht mehr länger bleiben
in seinem Hof und in dem Garten.
Weil er will nicht länger warten,
schaut er, wo sie meistens sitzt,
und entdeckt dann das Genist
in der Tanne gar nicht weit.

Jetzt ist er sofort bereit,
dieses gründlich zu zerstören,
dann muss er auch nicht mehr hören
das Gegurre früh am Morgen.
Dann soll diese Taube sorgen
für ein anderes Standquartier,
natürlich ziemlich weit von hier.

Gesagt getan, das Nest verschwindet,
doch schon bald darauf verkündet
das Gegurre von dem Tier:
Ich bin weiterhin noch hier.
Im Nachbargarten auf dem Baum,
gerade hinterm Gartenzaun,
hat sie ein neues Nest gebaut
und hat dabei darauf vertraut,

dass dieser gute Nachbarsmann
Tauben sehr gut leiden kann.

Der muss morgens sehr früh fort,
und das Gegurre hier am Ort
weckt ihn am Morgen passend auf.
So nimmt das Schicksal seinen Lauf
und Hanselmann, der regt sich auf,

doch ändern kann er's diesmal nicht
und nennt die Taube Bösewicht.

Die liebe Familie

Manchmal erscheinen die Verwandten,
die Neffen, Nichten, Onkel, Tanten,
zum Abendessen allesamt,
Familientreffen wird's genannt.
Dann gibt's ein Essen, exzellent,
das man sonst hier so gar nicht kennt.
Die Hausfrau strengt sich mächtig an,
damit sie auch bestehen kann
vor all den lieben Anverwandten,
die sie sonst das ganze Jahr nicht kannten.

Der Hausherr denkt an die Getränke,
damit er richtig auch ausschenke.
Was passt zu jedem einzelnen Gang,
bedenkt er häufig stundenlang.
Den Sekt hat er schon vorgekühlt,
der Onkel dann bestimmt gleich fühlt
den großen Durst erst auf ein Bier,
doch davon hat er keines hier.

Zum Hauptgang will er Rotwein reichen,
der Neffe gibt ihm drauf ein Zeichen,
dass er dazu gern trinken will
ein Sprudelwasser, aber still.

„Schon wieder Bratwurst", sagt die Tante.
Die Hausfrau daraufhin bekannte,

dass sie halt wenig Zeit bekommen,
weil plötzlich der Besuch gekommen.

Dem Onkel schmeckt der Käse gut,
und deshalb er sich nehmen tut
von dieser Sorte, bis man dann
davon kein Stück mehr finden kann.

Das Gespräch diktiert die Gästeschar,
erzählt, was ihr so wichtig war
und was bei ihr so ist passiert.
Die andern es nicht interessiert.
Alltäglichkeiten, Nichtigkeiten
sie äußerst anschaulich beschreiben,
als wären's wirklich Heldentaten,
die sie sich hier geleistet haben.

Darüber wird dann laut gestritten,
da kann der Hausherr noch so bitten,
man möge etwas leiser sein,
das fällt ihnen doch gar nicht ein.
Allmählich wird es Mitternacht,
die Hausfrau denkt: Bald ist's vollbracht.
Jetzt bleibt nur noch die Spülerei,
dann ist der Abend auch vorbei.

Die Oma

Kommt Oma ab und zu vorbei,
ist's der Familie einerlei.
Doch Omas man gebrauchen kann
in jedem Haus, so dann und wann.

Zum Beispiel kann zum Fensterputzen
man eine Oma gut benutzen.
Mit Möbelwischen, Herdabreiben
tut sie sich gern die Zeit vertreiben.

Sie wäscht die Wäsche, bügelt dann,
wenn man sie lässt, das Hemd vom Mann.
Ihre Tochter nicht gern kochen tut,
die Oma aber kocht sehr gut

und kriegt gleich schon nach ein, zwei Tagen
die Aufgabe ganz übertragen.
Der große Garten wartet schon,
denn Tochter und auch Enkelsohn
die Gartenarbeit lieber meiden,
und Oma darf die Rosen schneiden.

Zum Einkauf geht die Oma mit
und folgt der Tochter Schritt für Schritt
bis an die vielen großen Kassen.
Jetzt habe sie doch liegen lassen
daheim die Tasche mit dem Geld,
es der Tochter dort einfällt.

Die Oma ihre Karte zückt
und in die Kasse sie dann drückt,
und schon ist dieser Fall beendet.
Die Tochter freundlich Beifall spendet.

Doch dann nach circa drei, vier Wochen,
wenn Oma wieder aufgebrochen
und heimgefahren in ihr Haus,
ruft die Familie fröhlich aus:

„Na endlich ist sie wieder weg,
die Oma, dieser Bürgerschreck,
und jeder kann sich frei entfalten
ohne Bemerkung von der Alten!"

Geburtstagswunsch

Die Mutter bald Geburtstag hat,
die beiden Söhnchen halten Rat,
was man ihr dazu schenken könnt.
Natürlich dann man überlegt,
wenn man sein Geld zusammenlegt,
wofür es dann wohl reichen könnt,
um ihr zu kaufen ein Geschenk.

Es ist nicht viel, das ist ganz sicher,
reicht nicht einmal für eins der Bücher,
die sie so gerne lesen will.
Die beiden werden jetzt ganz still.
Auch ist der Vater nicht bereit,
mehr Taschengeld zu geben heut.
Sie sollen sparen schon beizeiten,
dann könnt man ein Geschenk bestreiten.

Die Mutter merkt die großen Sorgen,
denn ihr bleibt meistens nicht verborgen,
was ihre beiden Söhne denken.
Sie weiß genau: Es geht ums Schenken.
Drum sagt sie auch den beiden Lieben,
dass ein Geschenk sei übertrieben

und dass sie sich nur wünschen tät,
dass sie zwei brave Buben hätt.
Der eine schaut den andern an
und sagt darauf: „Mein lieber Mann,

dann sind wir ja schon vier im Haus.
Das hält Mama bestimmt nicht aus.“

Gleichberechtigung

Der Vater kocht das Abendessen,
die Mutter ist heut nicht zu Haus.
„Ich glaub, du hast das Salz vergessen",
platzt jetzt das Söhnchen laut heraus.
Der Vater ärgert sich im Stillen,
weil er doch heut beweisen möcht,
dass er genauso kann erfüllen,
was nun daheim ist seine Pflicht.

Jetzt muss der Kerl noch werden sauber,
fällt ihm gleich nach dem Essen ein.
Er füllt die Wanne mit dem Wasser
und stellt den Kleinen dann hinein.
Der schreit ganz laut und fürchterlich
und wehrt sich, da hineinzugehen.
„Zu heiß, zu heiß!", beschwert er sich.
Er muss den andern Hahn aufdrehen.

Jetzt ist zu kalt die Badebrühe,
worüber der sich auch beschwert.
Er gibt sich wirklich alle Mühe,
doch was er macht, es ist verkehrt.
So ackert er wohl gut zwei Stunden
beim Baden von dem Bürschelein,
bis er ihn endlich rein befunden,
und er ihm sagt: „So bist du fein."

Jetzt möcht er einen Lobspruch hören,
dass er es so wie Mama kann.
„Nur eine Sache tut mich stören“,
sagt ihm darauf der kleine Mann.
„Dass du mich hast mit Strümpf und Schuh
hineingestellt in dieses Bad,
das, kann ich sagen nur dazu,
war wirklich keine Heldentat.“

Gut fürs Geschäft

Zwei alte Freunde treffen sich
rein zufällig nach vielen Jahren,
und beide sind sie sehr erpicht,
doch endlich einmal zu erfahren,
wie es dem andern denn so geht,
was er erlebt in früherer Zeit,
wie alles denn bei ihm so steht,
um dann bei der Gelegenheit
dasselbe selbst auch zu berichten.

„Die Trude habe ich gefreit“,
beginnt der eine die Geschichte.
Der andre voll Entsetzen schreit,
als das der Freund ihm jetzt berichtet.
„Tut man den Namen nur erwähnen,
denk ich an eine Frau mit Glatze,
mit Buckel und mit faulen Zähnen,
mit krummen Beinen und 'ner Fratze.

Bei so einer muss man sich schämen,
sie auch nur freundlich anzusehen.
Wie konntest du zur Frau die nehmen,
das kann ich wirklich nicht verstehen.“
„Weil sie so gut ist fürs Geschäft,
das war der Grund, dass ich sie nahm.
Und gut war später dann erst recht,
als ein Kind nach dem andern kam,

genauso hässlich wie das Trudchen
und alle gut für mein Geschäft,
da fühlte ich mich wie im Märchen,
die kamen mir gerade recht."
Voll Neugier fragt der andre Mann,
nachdem er alles das erfahren,
welch ein Geschäft man haben kann,
um solche Menschen zu verwahren.

Da lacht der Freund und sagt sodann:
„Ich habe eine Geisterbahn."

Hausaufgaben

Am Tisch der Schüler Anton sitzt,
verlegen seinen Bleistift spitzt.
Der Vater liest im Wochenblatt,
die Mutter Wäsch' zu bügeln hat.
Die kleine Schwester schläft wie immer
in ihrem Bett im Hinterzimmer.

Der Anton fragt den Vater jetzt,
nachdem er sich zurechtgesetzt:
„Weißt du, wo die Azoren liegen?
Ich kann sie nicht gefunden kriegen."

Der Vater sagt drauf mit Bedacht
und hat dabei auch noch gelacht:
„Wo du die Dinger hast gelassen,
weißt du allein. – Ich kann's nicht fassen …"

Dann setzt er die Lektüre fort.
Der Anton bleibt am selben Ort.
„Was ist ein Verb?", fragt jetzt der Tropf.
Der Vater schüttelt nur den Kopf.
Und wann die Schlacht bei Leipzig war,
ist dem Vater auch nicht klar.

Die Mutter mahnt den Sohn gelassen,
er soll den Vater lesen lassen
und ihn nicht immer wieder stören,
davon wollt sie jetzt nichts mehr hören.

Jetzt mischt sich auch der Vater ein
mit einem Sätzchen, klug und fein:
Das Fragen sei schon recht und gut,
denn wer nicht fragt, nichts lernen tut.

Im Wildpark

Die Futterschachtel in der Hand,
kommt eine Klasse angerannt.
Zuerst hinüber zu den Rehen,
dann bleibt man bei den Hirschen stehen.
Von dort hin zu den wilden Schweinen,
dort füttert man zuerst die Kleinen.

Der Günther lockt die Ziegen an,
die überall man sehen kann
frei laufen auf den breiten Wegen.
Sie kommen ihm auch gern entgegen,
wenn er die Schachtel ihnen zeigt,
doch ist er keinesfalls bereit,

ein Bröckchen Futter zu spendieren,
den ihm nun folgenden Huftieren.
Als er vor einem Graben steht,
wo's ziemlich steil hinuntergeht,
gibt eine Ziege ihm 'nen Stoß.
Er fällt hinab, doch lässt nicht los

die offne Schachtel mit den Brocken,
die alle Ziegen jetzt herlocken,
weil aus der Schachtel sie entweichen
und manche Tiere sie erreichen.
Die stürzen sich den Hang hinunter,
der Günther liegt jetzt untendrunter

im kleinen Bach, dem ziemlich kalten,
kann auch das Futter nicht mehr halten.
Die Tiere steigen auf ihn drauf
und fressen dann die Brocken auf.
Er ist in allergrößter Not,
die Klasse oben lacht sich tot,

wie er da unten jetzt versucht,
sich zu begeben auf die Flucht
vor Ziegenleibern, Ziegenfüßen,
um dann die Freiheit zu genießen
dort oben an des Grabens Rand,
wo jetzt die ganze Klasse stand

und höhnte laut aus vollem Hals:
„Hier kommt der Geißbock von der Pfalz",
ihm schadenfroh entgegenschmettert,
als mühsam er emporgeklettert.

Jagdgeschichten

„Gar fröhlich ist die Jägerei“,
singt man im Chor der Grünbetuchten,
und als das Lied dann ist vorbei,
den Wildschweinbraten sie versuchen.

Danach sie reden viel Latein,
wie es die Jäger immer machen,
und alle stimmen fröhlich ein
und wollen sich halb tot fast lachen.

Da plötzlich geht die Türe auf,
ein Grüner kommt hereingestürzt,
hält plötzlich an in seinem Lauf
und fragt, eh er sich hingesetzt:

„Sind alle hier, möcht ich erst wissen?“
Er schaut sich um im großen Saal.
Sie würden keinen mehr vermissen,
es sei vollständig ihre Zahl,

man ihm darauf zur Antwort gibt.
Er lacht und strahlt und hat genossen
die Antwort, ist nicht mehr betrübt:
„Dann hab ich doch ein Reh erschossen!“

Darauf gibt er ’ne Runde aus,
die anderen ihm gratulieren
zu dem Erfolg im Wald da drauß.

Sie schrein hurra und applaudieren
und wenden sich in aller Ruh,
dann einem andern Thema zu.

„Der beste Treiber hier im Zimmer
ist unser Jakob, ohne Frage,
einen wie ihn, den gibt es nimmer.
Er ist so rüstig, treibt noch immer,
trotz seiner wirklich alten Tage.

Schon x-mal wurd er angeschossen,
sein ganzer Körper steckt voll Blei,
doch hat er immer noch genossen,
die Jagd und auch die Treiberei."

Die anderen jetzt auf ihn trinken
und fragen ihn dann allerlei.
Er würd seither ein bisschen hinken
und aus sei's mit der Schwimmerei,
der Jakob drauf zur Antwort gibt
und ist kein bisschen drum betrübt.

Raucher

Alkohol und Nikotin
rafft die halbe Menschheit hin.
Ohne Nikotin und Rauch
stirbt die andre Hälfte auch.

Jeder kennt wohl dies Gedicht,
befolgen tut man's eher nicht.
Oder man annehmen tut:
Weiterrauchen – geht schon gut.

Sie sind nun exkommuniziert,
draußen vor die Tür postiert,
die Raucher, in manchem Lokal.
Am Tresen rauchen war einmal.

Nichtraucher freuen sich darüber,
natürlich ist es ihnen lieber,
ihr Schnitzel mit Salat zu kauen,
ohne Rauch mit zu verdauen.

Auf jeder Packung groß jetzt prangt
ein Schreckensbild, ganz unverlangt,
von Leiden, die man könnte kriegen,
wenn man's nicht schafft, bald zu besiegen

die Sucht nach Tabak, Nikotin.
Doch mancher schaut da gar nicht hin,
ihn interessiert, was innen drin.

Jetzt endlich hat man doch gefunden
’ne Lösung für die Raucherkunden:

Ein Raucherzimmer musste her,
man findet davon immer mehr.
Der Staat sich heimlich freuen tut:
Ganz ohne Raucher wär’s nicht gut.
Man denkt dort an die Tabaksteuer,
die ist ihm nämlich lieb und teuer!

Small Talk

Frau Heinz, die überlegt beflissen,
wen sie wird einladen müssen
zu ihrem runden Hochzeitstag,
dass keinen sie verärgern mag.

Verwandte, Freunde und Bekannte
und Leute, die man sonst so kannte,
darunter vielleicht Prominente,
mit denen man angeben könnte,

den Stadtrat aus dem gleichen Haus,
den Autor aber schließt sie aus,
weil der so schlimme Dinge schreibt,
nichts tut und sich die Zeit vertreibt
mit Kritzelei an dem Computer.
Dazu ist er ein armes Luder.

Den Arzt, zu dem sie immer rennt,
sie ebenfalls einladen könnt,
dazu noch die Frau Pfarrerin,
da geht sie zwar recht selten hin,
doch das gehört sich, ohne Frage,
die trifft man sonst nicht alle Tage.

Frau Heinz begrüßt die lieben Gäste.
Die wünschen ihr das Allerbeste
für heute und die nächste Zeit.
Dann nutzt sie die Gelegenheit

mit manchen sich zu unterhalten,
um so den Abend zu gestalten.

„Man hört, dass Fische so gesund“,
gibt sie jetzt dem Doktor kund.
„Das stimmt wohl“, meint der klipp und klar,
„keiner je in meiner Praxis war.“

Die Pfarrerin sie darauf fragt,
ob sie es denn nicht sehr beklagt,
dass keiner in die Kirche kommt.
Die antwortet ihr darauf prompt:

„Wenn ich die Leute dort nicht seh,
ich doch zu ihren Festen geh
und hoffe, dass sie notfalls dann
auch mich besuchen, ab und an.“

Frau Heinz hat jetzt genug parliert
und wendet sich ganz couragiert
dem Essen und dem Schampus zu
und denkt: Ach, lasst mich doch in Ruh!

Urlaubserinnerungen

Familie Meyer lädt heut ein,
zu einer Party, hübsch und fein.
Urlaub soll das Thema heißen,
die Ferienziele will man preisen
und dazu mitbringen man sollte
Souvenirs, wenn man das wollte.

Den Eiffelturm an einer Kette
er in Paris erstanden hätte,
sagt der Herr Schulz und strahlt,
weil er dafür nicht viel bezahlt.

Frau Maus kommt in Verlegenheit,
gesteht bei der Gelegenheit,
dass ihre Souvenirs schon hatte
all ausgetrunken der Herr Gatte.

Frau Meyer fragt jetzt die Frau Jette,
ob der Herr Gemahl denn hätte
von seinen vielen, vielen Reisen
auch Souvenire vorzuweisen.
Sie sagt, dass das ganz sicher sei,
Alimente zahle er für drei.

Herr Alt erzählt von seiner Reise
anschaulich und auf seine Weise
nach Norwegen und zum Nordkap,
wovon er viele Fotos hat.

Ob er die Fjorde auch gesehen
und was dort sonst denn noch geschehen,
will die Frau Schmidt jetzt gerne wissen.

„Zu putzig ist's, wenn sie sich küssen,
die kleinen Fjorde, die dort oben
gewöhnlich durch die Wälder toben",
sagt der Herr Alt und freut sich sehr,
denn fragen tut jetzt keiner mehr.